비대칭의 오후

채수옥 시집

시인동네 시인선　022　　　　　　　채수옥 시집

비대칭의 오후

시인동네

시인의 말

벌레 한 마리
말의 입구에서 부르르 온몸을 떤다
쏟아지는 혓바닥들……

2014년 겨울
채수옥

비대칭의 오후

시인의 말

차례

제1부

골목 • 13
뻐꾸기시계 • 14
레밍의 유전자 • 15
텍스트 • 16
북 • 18
포옹 • 20
수유 • 22
유령 • 24
껍질의 바깥 • 26
빨간 선 • 28
출근 • 30
지금, 여기 • 31
가방 • 34

절정의 기록 · 36

구름은 얼마? · 38

거미줄 · 39

투명한 노래 · 40

피 흘리는 원샷! · 42

커튼 · 44

기호 속으로 · 46

꽃들의 식사 · 48

관람 · 50

키메라증후군 · 52

닫힌 어둠을 · 54

서늘하다 · 56

꽃집 여자 · 58

제2부

실업 · 61

칸나 · 62

하모니카를 불다 · 63

반영하지 않는다 · 64

CCTV · 66

축제 · 68

고문(拷問) · 70

비대칭의 오후 · 72

복숭아나무 · 74

갑옷 · 75

사각형의 섬 · 76

삼중주 · 78

박제 수업 · 80

없다 · 81

둥글고 푸른 방 · 82

국화 · 84

소문의 숙주 · 85

구멍 하나를 먹었는데 · 86

저 장미! · 88

가벼운 사과 · 90

의자 · 92

불통이란 말입니다 · 94

피닉스 · 96

낙지 · 98

가학적 구름 · 100

함박, 함박눈 · 102

해설 낯설어지려는 경향
     고봉준 · 103

제1부

골목

이 징그러운 뱀의 아가리를
닫을 수 없다

전봇대 밑 토사물 묻은 이빨들
어둠을 뜯어먹고,

뱀은 날마다 자라서
지하와 옥탑의 그림자를 섞어 몸을 완성해간다

두 개의 혓바닥 끝에서 갈림길은 자꾸 생겨나고
모퉁이에서 발목을 잃는다

끝없이 구불거리는 몸속을 지나
떠나고 도착하는 얼굴들 뱀을 닮아가고

열린 무덤 같은 아가리 속으로
피를 토하며 줄장미 빨려들어 간다

뻐꾸기시계

　시간이 없어서, 총알택시를 타고 뻐꾹. 시간을 파는 상점*으로 갔는데 뻐꾹뻐꾹. 한참을 망설여 시간을 고르는데 뻐꾹. 하필 악몽의 한 토막이 뻐꾹뻐꾹. 따귀를 갈기는 네 손바닥이 뻐꾹. 핏덩이 새끼가 등에서 뻐꾹뻐꾹. 우는데, 사거리에서 길을 잃었는데 뻐꾹. 생선 가시 같은 비가 온몸에 꽂히는데 뻐꾹뻐꾹. 가시 박힌 몸으로 정신병원을 갔는데 뻐꾹. 아름다운 시간을 떠올려보라 하는데 뻐꾹뻐꾹. 총알택시를 타고 뻐꾹. 시간을 파는 상점으로 갔는데 뻐꾹뻐꾹. 향기 나는 시간들은 처음부터 없었다는데 뻐꾹. 고서적처럼 쌓여 있는 젖은 눈빛의 시간들이 뻐꾹뻐꾹. 나를 처다보는데 뻐꾹. 또 한 페이지의 악몽을 들고 문을 나서는데 뻐꾹. 내 몸 안에서 뻐꾸기 울음 그치질 않는데 뻐꾹.

＊김선영의 소설 제목 인용.

레밍*의 유전자

  바람은 벼랑 쪽으로 풀밭을 몰아가고, 철커덕 대문이 열리면 비가 쏟아져 지렁이들 쏟아져, 도미노처럼 절벽 아래로 뛰어내리는 레밍들, 붉은 눈의 아버지 가슴장화 속에서 바닷물 쏟아져 생각할 겨를도 없이 쏟아져 출렁이는 소금 속으로 오빠가 뛰어내려, 동생이 뛰어내려, 문 밖에는 바람에게 불려가는 소문들 순식간에 늘어나는 입과 발, 핏속에 그려진 길들은 절벽을 가리키고 있어 아귀에 힘을 주고 절벽은 그들을 끌어당겨, 아버지의 어두운 손이 귀를 끌어당겨 수세기 동안 밥그릇은 벼랑 위에서 이어지고, 떨어져 죽으면서 식탁은 아름답게 피어나 인디언잉크보다 짙은 어둠은 물컹거리는 거대한 입, 뻘밭을 몰아오고 아버지 새벽부터 뻘 속으로 불려가 자자손손 아슬아슬한 대문은 바다로 열려 있어

---

*나그네쥐라고도 불린다. 이들은 지나치게 개체수가 많아지면 절벽에서 집단 자살을 하는 것으로 알려졌다.

텍스트

첫 페이지는 마른 너의 등,
이 절벽을 해석하는 방법은 눈물이다
눈물 속에서 만져지는 등은 붉다

바람은 다른 방향에서 불어오고
흔들리는 네 눈빛에 밑줄을 긋는다
꽃이 피고 지는 행간 속에서
또 다른 너의 감정은 완성된다

문 밖에는
한철 내내 나무를 다 이해하고 피어난 꽃들이
마지막 페이지를 넘기는데

밤을 새워 한 문장도 해석할 수 없는 너를
그만 덮기로 한다

뜨거운 내 입속을 헤집어 단숨에 나를 읽어버린,
지느러미 없는 물고기가

어두운 골목 끝을 헤엄쳐 간다

내 혀를 뽑아 절벽을 읽는다

언제나 되풀이되는
안녕

다시 안녕

북

필름처럼 얇은 엄마의 등짝과
십리 밖으로 나온 오빠 주둥이를 당겨
아버지의 질긴 입으로 촘촘히 꿰매진 집,

북채가 없어도
처덕처덕 사방으로 튀는 아버지의 침으로
둥둥둥 집이 운다
뼈가 울린다

대문을 박차고 담장을 넘는
붉은 혀,
앞뒤로 경전처럼 붙이고

둥둥
최면을 걸어오는 저녁
잘근잘근 씹어 살구처럼 뱉어내는
소리로 지어진 집,

아버지의 취기 오른 입이
어둠에 덮일 때쯤,
나는 팽팽해진 고요를 찢으며
참았던 오줌을 눈다

생리혈이 터진다

둥둥
자궁이 울린다

화살처럼 와 박히며
집을 찢는
저 날카로운 달빛

포옹

불쑥! 허공을 찢고 나온 팔이 허리에 감긴다
온몸의 세포들을 튕기며 터럭들을 긁으며
음표들은 자라났다

팔분의 육박자로 늘어난
치렁거리는 너의 팔을 온몸에 감고 버스를 탄다

차창 밖을 나는 새들,
몸 안에 돌돌 감긴 기표들 꺼내놓느라
반복적인 리듬으로 부풀어 오르고

방지턱을 넘을 때마다 등 뒤에서
너의 팔은 자꾸만 뻗어 나와
이마를 만지고 뼈를 쓰다듬고 눈알을 뺀다

악보처럼 내가 펼쳐진다

포장마차 앞 토스트와 커피를 들고 있는 사람들,

펄럭거리던 밤을 안고 건너온
서로의 팔들을 뱀처럼 감고 서 있다

수유

빨갛고 쬐끄만 입술이
그녀를 천천히 파먹는다
헝클어진 시간들과 늘어뜨린 팔을 베고
그녀가 빨려들어 가는 소리

졸졸 나무가 빨간 열매 속으로 건너가는 소리

거기,
나무의 시간들 켜켜이 쌓여 있고
여러 바퀴의 울음들 감겨 있다
세탁기와 주방 사이를 뱅글뱅글 돌던
나무의 영혼이
뽀얀 살결처럼 즙처럼

흘러내리는 젖물 따라
빨갛고 쬐그만 입술이 옴짝옴짝

잠이 쏟아지는 얼굴 베란다 쪽으로 돌리고

나무 한 그루
한 장의 페이지가 허물어지는 소리

유령

드디어 모습을 드러낸, 하얗거나 분홍
혹은 노랗게 물든 정체 모를 저것들 흘러나와

사람들 몸속을 지나 길과 산으로 떼 지어
낄낄거리며 펄럭이는 계절에,

나는 그만 손을 놓치고
가물거리는 흰빛 속으로 심장을 던져 넣고,

북 치는 인형처럼 빙글거리는 동안
손톱만 한 하얀 이빨들 쏟아지고 쏟아져, 내 몸 안에 쌓이고

키득키득 이빨들 자라나 거대한 흰 입이 된 나는
아! 정말
감탄사를 많이 가진 너를 찾아 나무 아래 사이를 날아,

경이로운 표정으로 나를 올려다보고 경배하는
네 눈알을 파내고

벌린 입속으로 내 하얀 이빨들을 쑤셔 넣으며

두근거리는 네 심장을 꺼내
주렁주렁 나뭇가지 끝에 매달아 꽃을 피우는,

오늘밤이 지나면 화르륵 사라지는 잔혹의 얼굴

껍질의 바깥

두개골을 자르듯
수직으로 잘라놓은 조개무덤

껍질이 껍질을 밟고 시간을 건너오고 있다

따개비처럼 달라붙어
살을 발라 먹던 혓바닥과 입들 쌓아놓고
빈 껍질의 마음으로 폐허를 완성해간다

껍질의 바깥,

나는 수직으로 서서
몸 안에 새겨진 퇴적의 무늬를 따라간다

맹수들을 향해 맨몸으로 돌진하던 밤의 지층에서
비바람과 폭설이 다녀간 흔적

겨드랑이 밑에 달라붙어

날카로운 내 잠을 발라먹던 새끼들의 울음,

울음 속에서 사각으로 접힌 너는 멸종되어가고
텅 빈 주머니 속에는
죽은 새의 뼈가 중생대를 건너가는 중이다

오늘도 나는
오래된 혈관의 무늬와 노동과 연애를 복원하며
둥근 손잡이에 매달린 채,
암사역에서 빈 껍질로 발굴된다

빨간 선

똑같은 옷을 입고
똑같지 않은 아이들이 계단을 오른다

빨간 발바닥들은
우측통행을 고집하고
아이들은 자주 선을 넘는다

사각사각 가위는 종이를 먹고 입만 남았다

연둣빛 창문과 구름이 꽃밭 옆에 놓이고
아이들은 잃어버린 신발을 찾아
색종이 속을 뒤적인다

교실은 점점 안으로 접히고
아이들은 햇살 따라 밖으로 접힌다

여전히,
입만 남은 선생님은

빨간 발바닥을 계단 위에 일렬로 늘어놓고

우르르,
사과 알처럼 넘어져 무릎이 깨져도
아이들은 자주 선을 넘는다

출근

골목들은
지하로 환승된다

전동차는 정거장마다
계단을 높이 쌓아놓고 떠났다

노란선 밖에서
한 떼의 눈보라가 흩어지고,

올라가고 내려가는
가방들 속에서

뱀 같은 길들이 흘러나와
발목을 끌고 간다

길고 서늘한 시작이다

지금, 여기

그때,
나는 진흙 속으로 들어가는 중이었다
기둥 하나를 붙잡고 굴 껍데기 속에
손톱만 한 살림살이를 붙이고
꽃무늬 벽지를 붙이고
좁쌀만 한 새끼들을 붙이고
아슬아슬한 일기장을 붙여나갔다

그때,
소리 없이 끈적이며, 질척거리는 그것들이
어둠 속에서 흘러나왔다
심장을 할퀴던 수천의 손톱들을 세우고
산발한 푸른 머리카락들이 달려들었다

뾰족한 입술
야성의 발톱
날카로운 어깨가 무너지고

똑같은 얼굴들로 뒹굴기 시작했다

나는 가만히
주머니에 손을 넣고 달그락거리는
두개골들을 만졌다

그때,
자주 체위를 바꾸는 바다는
밤이면 몰래
동피랑 언덕 느티나무에
물고기를 매달았다

이파리를 헤엄쳐 나온 고기들은
나무 속으로 들어가 붉게 익어갔다

한 움큼씩 열매를 따 먹은
아이들 입속에서, 내 입속에서
고기들은 날마다 바다를 꿈꾸었다

〉

가끔씩 암호 같은 불빛을 보내왔다
   —그림자가 다녀갔다
   —네가 누군지 모른다
   —바람은 견고하다로 읽는다

해독되지 않는 남은 불빛에 닿기 위해
여전히 나는,
반복적으로 뒤집히고, 찢어지고, 고꾸라지고,
철썩여야 하는

지금 여기는
파도의 아가리 속이다

가방

검은 옷 입은 사람들 가방 하나 내려놓는다
함부로 뒤지고 열리지 않도록
흙을 덮고 뗏장을 얹고 발로 꼭꼭 밟는다
쩍쩍 갈라진 발바닥과 그 발바닥이 다녀간 길들
떨구던 고개와 함께 떨어지던 눈물
뿌리치던 손과 이유 없이 꿇었던 무릎들이
가방의 내용물이다

밤마다 가방은 온 힘으로 소멸하여 간다

초록이 뿌리 내리고
바람과 새소리와 벌레들이 드나드는
저 가방 속으로 들어간 아버지는
질긴 소가죽과 악어가죽으로부터 자유로웠을까
평생을 끌고 다닌 허름한 가방을 내려놓으니
어깨가 뻐근했을까

푸르스름한 어둠 속에

팔다리도 없는 것들이
입도 없는 것들이 빙빙 돈다
둥글게 부풀어 오른 이쪽과 저쪽에 끈을 매단다
쉭쉭 날아다니는 어떤 붉은 어깨가
우편배달부처럼 가방을 메고
이승과 저승을 흘러다닌다

절정의 기록

그가,
냄새 먹는 하마의 배를 가른다
왼쪽으로 쿵, 오른쪽으로 벌렁벌렁
콧구멍을 넓히고 촉을 세우기도 전에
냄새는 모두 소화되었다

와이셔츠 속에 스며 있는 냄새,
빵처럼 뜯어내어 바닥에 편다
핀셋을 들고 냄새를 고른다

네가 먹은 돼지의 누린내가
내 입속으로 옮겨졌을 때
우리는 짐승만도 못한
새로운 종(種)으로 분류된다

신발장에 있는 하마의 목을 비튼다
구두 뒷굽에 끌려온 길들에서
물비린내, 샴푸 냄새, 침 냄새, 살 냄새

그리고
밤꽃 향기

절정에서 발화하는 피비린내의 나날들

핀셋으로 건져 올린 냄새의 기록들은
회칠한 무덤*이 되고
언덕처럼 흘러내려 지붕을 덮어간다

---

*마태복음 23장 27절.

구름은 얼마?

수자원 가치 59억 2,000만 원짜리 봄비는
아버지 세탁소 다리미 속에서 뜨겁다

대기오염물질 농도를 낮춘 1,754억어치 봄비
아버지 당신의 밑단은 수선해도 자꾸만 터졌다

산불 방지 효과 4억 8,000만 원만큼 내린 봄비에도
아버지는 얼룩을 지우지 못했다고 환불을 당했다

가뭄 피해 예방 1,086억 5,000만원
아버지 주렁주렁 매달린 거죽들 밑에서 담배만 피웠다

합이 2,900억 원, 봄비의 몸값
아버지 소주 먹고 훌렁 방바닥에 누웠다

하루 종일 유리문에 붙어 시름시름 내리는
한 방울의 아버지

＊봄비의 경제적 가치에 대한 부분은 《중앙일보》(2012. 3. 17일자)에서 인용.

거미줄

    그가 모기 물린 다리에 물파스를 바르고 철물점으로 간다 햇살이 그의 등에 그물처럼 퍼진다 그가 파란색 망을 사서 창문마다 방충망을 친다 매운바람에도 끊어지지 않도록 탕탕 못을 쳐 댄다 손놀림이 정교하다 바람이 망에 걸려 출렁인다

    그녀는 그가 쳐놓은 방충망 안에서 밥 비벼 먹고 잠자고 머리 감고 똥 누고 그의 아이를 낳는다 눈 내릴 때 적금 타고, 목련이 지면 할부가 끝나고 곗돈을 붓고 세금을 내고 새끼를 키우고 장가를 보낸다 한낱 파리나 모기를 피해서 일생 버둥대다 늙고 죽어간다 그의 망 안에 걸린 게발선인장과 돌단풍이 창가에서 흔들린다 시든다

    조용한 골목 안으로 낯선 사내의 목소리가 들린다
    —방충망 쳐~어~욧

    그 소리 따라 꾸물꾸물꾸물…… 허공을 내려오는 거미들 집집마다 방충망이 쳐진다

투명한 노래

온몸이 눈이고 귀인
몽돌해변의 자갈들

천 개의 귀가 열리고 소용돌이치며 빨려들어 가는 저 소리들

지겨워. 끝이야. 한탕만하자. 유산입니다. 이혼하자. 자살하고 싶어. 계약파기야. 지랄하지마. 치워버려. 할수없었어. 치매야. 육개월밖에못살아. 미쳤어. 떨어졌어. 바람났어. 똥좀치워……

— 잘못 들었어 제발 내 말을 오해하지 말고 똑바로 들어

너울거리는 헛바닥이 밀려와
철썩 따귀 한 대

천 개의 눈 속으로 쳐들어오는 저것들
쥐새끼떼. 모텔. 사과상자. 포르노잡지. 찢어진깃발. 카지노. 콘돔. 피묻은칼. 쓰레기장. 하수구. 교도소. 어두운골목. 마약. 돈봉투. 바퀴벌레. 불탄건물. 화투. 검은비닐봉지. 똥물……

>

시퍼렇게 언 손바닥이 밀려와
또 철석 따귀 한 대,

한평생 구르고 부딪치고 깨지고 나서
겨우 얻은
투명한 노래 한 소절

차르르

피 흘리는 원샷!

바다는 붉은 통속으로 함축된다

고밀도의 공간 속에서 꼬리치다 밟히고 낚이고
탁!
머리가 잘려나간 줄도 모르고 한 번 더 허공을 향해
튀어 오르는

저울 위에서 값이 매겨지는 고기의 무게보다 가벼운 나의 어법
일용할 나의 죽음과 너의 삶이 교차하는 지점에서
원샷!

그래서 어쩌겠다는 건데
혀끝에 닿기 위해 비릿한 표정을 바꿀 필요는 없어
괴물이 되려면 통증 따위는 잊어

발목까지 내려온 가죽 앞치마가
싱싱한 죽음들을 테이블 위에 내려놓을 때마다
너의 아가미는 닫히고 나의 비늘은 빛나고

>

잘게 썰어놓은 파도를 씹으며
치밀어 오르는 집채만 한 해일을 삼키며
너는 화장실에 다녀오다 지퍼를 올리고

손가락에 묻은 핏물 같은 초장 슥 닦으며
아직은 살아 있다고
전력으로 꼬리 흔드는 자갈치 회센터 218호

입속에서 해초처럼 자라는 칼날들 뱉으며
수척해지는 심장을 오독오독 씹으며
다시 한 번 원샷!

커튼

1.
치마를 올리고
오줌을 누고 똥을 눈 다음
단정하게 쓸어내린다
커튼은 유리책이었다가

혹은

예기치 않는 다른 손이 황급히 걷어 올렸을 때
격렬하게 흔들리고 구겨진다
짧은 사랑이 끝난 후 쑥스럽게 끌어내린
커튼은 소설책이었다

2.
창가에 드리워져 햇살을 가리고 있는
저 남자를
…드르륵… 올린다

밥 차려 달라고
옷 달라고
쓰다듬어 달라고
징징대는
저 뚱뚱한 커튼은 지루한 일기장이었다

기호 속으로

자유로를 따라 벽제 가는 길 라디오는 사연들을 쏟아놓는다
모바일로 들어오신 1504번님
―꽃들이 기침을 합니다 충혈된 목구멍으로 불길이 솟구칩니다 나른한 오후가 맨발로 불길 속으로 뛰어들고 있다는 사연입니다―
안양에서 팩스로 보내주신 1805번님
―안양천에는 무한의 어둠이 범람하여 마을을 덮치고 염소 울음소리가 합판 조각에 실려 둥둥 떠내려간다는 사연입니다―
악어통조림이란 ID를 쓰시는 분 인천에서 보내주셨습니다
―어젯밤에는 달빛이 유난히 날카로웠습니다 단번에 마음을 베인 연안 부두가 바다를 핏빛으로 물들인답니다―
  계
    속
      되
        는
          사
            연…… 읽어드리겠습니다……

>

경기48다 4444번 벽제 무덤 앞에 다다랐다
1908번 1329번 6666번……
번호를 달고 길게 늘어선 가묘(仮墓)
그 기호 속으로 145번 저녁 빛과
259번 봄바람이 서둘러 들어가 눕는다

저는 다음 시간에 다시 여러분의 이름을 제거하러 오겠습니다

꽃들의 식사

회색 줄무늬 고양이
어슬렁,
담 밑을 지나
느릿느릿 걸어간다
나와 눈이 딱 마주치자
후다닥 꽃밭 속으로 뛰어든다

탐스런 꼬리가, 눈알이
바늘 같은 수염이
일순간
……사라졌다

꽃나무들 흔들린다

파리지옥처럼
꽃잎들,
한꺼번에 입을 열어
고양이를 먹는다

\>

피 칠갑을 한 입술들

오물거리며

야옹야옹

장미꽃 핀다

관람

왼쪽으로 돌아서자
눈물량 검사석이 나왔다

이 무거운 그림자를 다 털어내기엔
눈물은 턱없이 부족하다

나는 소량의 눈꺼풀을 쥐고
광장으로 간다

숫구치는 물방울 속으로 사람들은
말라버린 눈알들을 던져 넣는다

누군가는 밤을 새워
마른 눈알에 빛깔을 덧칠하고
손가락 까딱이며 빠르고 느린 리듬을 섞는다

잠깐의 희망처럼 색색의 물감은 솟아오르고

껴안고 나뉘고 부서지는
눈물의 힘으로
분수 쇼는 성황을 이룬다

축축하고 끈적거리는 내면들을
얼룩처럼 묻히며

광장에서 재현되는 우리는
서로의 눈물을 관람한다

키메라증후군

우리 그러지 말고 차 한잔할까?

기형으로 붙어버린 생각들을 매만진다
한 이불 속에서 일상의 뇌를 나눠 쓰고
우리는 다르게 성장하고

서로의 혈관 속으로
델피니움 꽃잎을 한껏 주사하는 것으로
하루를 견딘다

절반의 타협 후, 둥글어지는 보름달은
반쪽을 삼키고 부풀어 오른
남은 자의 거룩한 배

마주보고 앉아 야윈 식탁을 뜯어먹는 우리는
솜뭉치 같은 서로를
울컥울컥 토해놓는다

머그잔 속으로 떨어지는 내 눈알과
뭉개고 싶은 네 혓바닥을 천천히 저으며
굶주린 배를 긁어대는 저녁

나는 외워지지 않는 나를 복습하고
너는 이해되지 않는 너를 받아 적고 지우는
이상한 커피 타임

닫힌 어둠을

딴다
경쾌하게 열리는 짓무른 시간
삭아 내린 너의 등뼈
흐르는 내 피부가 함께 어우러져
축제를 벌이는

고등어 꽁치 정어리들……

트랙은 넓고 바다는 멀다
등 푸른 얼룩들 뜯어내는 혀, 이빨들
딱 따다 춤추는

원형의 통조림

깡통의 청춘,
깡통의 누추함으로
물컹거리는 거리
냄새나는 공기들 녹아내려

부글거리는 저녁

네가 오늘 나와 함께 낙원에 있으리라*

   깡통 속은 안개들로 출렁거린다 누군가 불빛 너머로 전화를 한다 **이곳으로 건너올 수는 없다고 한다** 반쯤 삭은 등뼈가 소주잔을 머리 위로 털 때, 밤은 급하게 취한다 뭉그러진 입들이 박수를 친다

킬킬거리며
어깨동무를 하고
귓불을 깨물며
우리는 낙원장(樂園場)으로 들어간다

---

*누가복음 23장 43절.

서늘하다

눈이 큰 그 아이
두 겹의 쌍꺼풀 속에서
일렁거리는 푸른빛
하얀 피부에 어른거리는 미소는
분홍 꽃잎을 닮았다

가장 화가 났던 때를 떠올리며 생각나는 대로 단어를 적어보는 시간

―신경질난다. 재수없다. 패주고싶다. 그새끼골을파고싶다. 팔다리를자르고싶다. 죽이고싶다. 지옥에떨어뜨리고싶다. 억지로전쟁터에보내고싶다. 미로속에가두고싶다. 영원히그새끼가쫄병이고내가대장이고싶다.―

노트를 뜯어먹다가
구멍을 뚫다가
구멍 속으로 침을 뱉다가
노트 속에서 힘껏 헤엄쳐 나오는,

\>

눈이 큰 그 아이
불콰한 빛이 서서히 사그라지고
평온해진 하얀 얼굴 위로
분홍 꽃잎 한 장 다시 떠오른다

아이가 나를 돌아보고 웃는다 등골이 서늘하다

꽃집 여자

안개꽃 한 점이
그녀의 앞치마에서 굴러떨어지는 중인데
발목 없는 꽃들을 나란히
셀로판지 위에 얹는 중인데
가시 하나가 손끝을 찌르는데
잠깐 솟구치는 붉은 꽃
화끈거리는 핏빛 꽃송이
입안에서 스러지는 중인데
가슴에 붙어 있던 꽃잎 하나가
슬쩍 그녀의 젖무덤 속으로 스며드는데
일생 꽃대를 분지르고
꽃잎을 훑어 내린 그녀의 굳은살 속에
또 하나의 꽃 문신 새겨지는데
한 다발의 꽃들과 오후의 햇살이
녹색 쇠줄에 칭칭 감기는데
리본에 묶여지는데

그녀가 종일 묶여 있는데

제2부

실업

비가 내리는 골목에
망가진 기타 하나
담벼락에 기대고 서 있다

텅 빈 울림통 속으로
빗물이 차오른다
끊어지고, 튕겨져 나온 줄 끝에
빗방울들
식솔처럼 매달렸다

칸나

예순을 넘긴 그가,
이 나이에 뭘 할 수 있겠어!
라고 말했어
이 나이가 창문을 열었어
이 나이 속으로 바람이 들어왔어
바람 속에서 주름투성이 벌레가 기어 나왔어
이 나이 주름들을 칭칭 감고 사라졌어

이 나이가 돋보기로
재잘거리는 꽃씨들을 확대시켰어
탱탱하게 부푼 햇빛,
감당할 수 없었어
이 나이가 칸나꽃 같은 햇빛을 피워 올렸어
꽃잎이 혓바닥처럼 자랐지
이 나이가 혓바닥 속으로 척척 감겨들었어

시뻘건 청춘이 혓바닥 위에서 타오르고 있었어

하모니카를 불다

꽉꽉 저장된 음(音)을 꺼내 불자
하모니카 속의 새들이 일제히 날아올라
입속에서 날개를 친다
한 호흡 들이마실 때마다
갇혀 있던 것들의 격렬함이
요동치며 목구멍으로 넘어간다
몸속 구석구석 새들이 날아올라
내 몸을 띄우고
뼈마디마다 소리로 채운다
나뭇잎 넘기는 바람소리
꽃 문 열리는 소리
한 세계가 닫히는 소리
새들은 몸 안에 오랫동안 소리들을
가두고 숙성시킨다
언제나 반음이던 내 몸에서
오래 삭힌 노래가 흘러나온다

반영하지 않는다

저녁이 되자

f, 는 표정이 다른 길들을 한 다발 끌고 들어왔다 접힌 유리와 창문들이 서류 가방 속에서 쏟아져 나오자 거실은 혼자 날카로워졌다

저녁이 되자

s, 는 온몸에 앵무새 울음을 주렁주렁 매달고 들어왔다 —나는 무엇이 되고 싶지 않아요— 식상해진 입술은 뜯어내도 자꾸만 돋아났다

저녁이 되자

m, 은 여전히 들어오지 않았다 설거지통 속에서 심야 영업은 얼룩진 혓바닥들과 뱉어낸 말들을 습관적으로 문질렀다

저녁이 되자

b, 는 붉은 화살표가 그려진 헬멧 속에 구름을 눌러쓰고 들어왔다 벽 속으로 들어가 시커멓게 번지는 곰팡이의 일상에 몰입했다

>

벽에 걸린 가족사진 한 장이 들어온 저녁들을 불러 모았다
정면을 보고 이빨들이 웃는다

CCTV

중천에 떠 있는 붉은 눈 속으로 세상의 골목들이 들어간다
흰 뼈들이, 한 뭉텅이의 머리카락이 착착 접힌 말씀들이 빨려 들어 간다
붉은 눈 속에서 세상의 광장들이 쏟아져 내린다
물컹한 뼈들이, 수세미 같은 머리카락이 피 흘리는 말씀들이 쏟아진다

중천에 떠 있는 붉은 눈 속으로 구백구십구 개의 저녁과 천 개의 아침이 들어간다
푸른 원피스와 만 켤레의 구두와 흔들리는 이파리들 빨려들어 간다
구백구십구 개의 크림빵으로 때운 점심과 천 개의 잠들지 못한 밤이 쏟아져 내린다.
얼룩 묻은 원피스와 만 켤레의 뜯겨진 구두, 찢어진 이파리들 쏟아진다

중천의 붉은 눈은 텅 빈 바구니,
눈부신 허무의 실낱같은 무수한 손가락들 날아온다

칠흑의 자루 속에서 쏟아지는 작은 도둑 알갱이, 붉은 눈의 자식들
 실낱같은 무수한 손가락들 펴고
 너무 환해서 볼 수 없는 자루 속으로 쓸어 담는 세상의 무수한 바퀴들
 칠흑 같은 자루를 열어 무수한 그림자를 엎지르고 있는

 기록이 삭제된 빈 껍질의 노트

축제

산부인과 507호에는
텅 빈 엄마들이 누워 있다

핀셋으로 건져 올린 긴 울음 끝에,
밥숟가락이
책가방이
이름표가
놀이터가
줄줄줄 끌려나온다

태어나기 싫은 아이들은 피리를 불며 꽃 속으로 들어간다 색색의 공깃돌을 들고 꽃잎 같은 발자욱을 찍으며, 바람결로 스며든다 깔깔거리며 달빛을 타고 올라 하늘에 박힌다 모래알보다 많은 별들이 축제를 벌이는 밤,

안경을 낀 그는 여전히 딱딱한 울음들을 건져 올리고 있다

―안내 말씀 드리겠습니다 청색 바지에 흰 티셔츠를 입은 남

자아이를 찾습니다—

  안내 방송이 텅 빈 복도를 어슬렁거리는 동안
  청색 바지와 흰 티셔츠를 입은 웃음 하나 저녁 속으로 흘러가고 있다

고문(拷問)

참꼬막을 삶는다
펄펄 끓는 물속으로
입을 앙다물고 몸을
갑옷으로 무장한 그들을
처넣는다
입 벌려!
뜨거운 맛을 봐야 알겠어?
다문 입에서 허옇게 거품을 물고
그가 쩍 입을 벌린다
입속에는 아무것도 없다
텅 빈 속에 겨우 쬐끄만 목젖 하나 달고 있다
네 뱃속에 납덩이가 들어 있다고?
꿀꺽한 수천억 원이, 쬐끄만 목젖이
진주가 되고 있다고?
나는 터져 나오는 웃음을 참는다
눈물 흘리며 반성문 쓴 놈
보따리 싸들고 줄행랑 놓은 놈
시간이 지날수록

누런 혐의들을 내뱉는 놈들
그런데 주둥이에 주름 잡히도록
입을 꽉 붙이고 있는 놈이 있다
폭탄선언을 하면 여럿 다친다고
참을 수 없는 애국정신에 입각해서 입을 다물 수밖에 없다고……
아무리 불꽃을 돋워도 놈은 꿈쩍 않는다
찬물에 옮겨 달래보아도 소용이 없다
독한 것!
나는 그 고집스런 주둥이에 에리한 칼끝을 찔러 넣는다
순간, 놈은 퉤하고 얼굴에 뻘물을 내뱉는다
억지로 받아낸 자백은 온통 썩은 뻘물뿐이었다.

비대칭의 오후

백주 대낮,
주렁주렁 홍등 내걸고
웅크린 입술들 담장 밖을 모의한다

가시는 손톱 밑에 접었다가
허물어지는 심장을 움켜쥘 때까지

붉은 방울 흔들며
담장을 밀고 오는 저 장미의 자세로,

너를 탐해도 될까

열 개의 헛바닥 겹겹이 펼쳐
단숨에 네 입속으로 밀어 넣으면

장미가 질까
불륜이 필까

핏빛 소용돌이 속으로 빠져드는 비명

둔부에서 가장 빛나게 피고, 피어서
중심에 닿을 때까지

천천히 굴러떨어지는 우리는,
태양이 깨지도록 깍지를 끼고 국경을 넘는다

복숭아나무

 가지마다 꽃망울 맺혔습니다. 옹송그린 주머니 속에 눈, 코, 입, 손발, 똥꼬를 담고, 물관을 따라 올라온 양수를 찰랑거리며 언덕에 서서 배를 부풀리고 있습니다. 임신한 그녀가 등을 뒤로 젖히고 복숭아나무 그늘 속으로 들어갑니다. 나무가 말을 걸었습니다. 당신의 주머니 속에도 가지 않은 파릇한 길들과 터지지 않은 울음과 깃털 같은 숨소리가 들어 있나요 숨이 차고 어지럽지 않나요 유리창떠들썩팔랑나비가 배 위에 앉았다 가네요 마지막 향기가 완성되고 있어요 잠깐만요, 저기 툭툭 어미 배를 차는 꽃의 발이 보입니다 걸음을 멈추고 잎사귀 밑을 보세요 흔들릴 때마다 그늘이 물러서는 것이 보입니다

 언덕을 오르며 무더기로 터져 나오는 포자 봄·봄·봄……

갑옷

 바늘 끝이 살갗을 뚫고 들어가 붉은 꽃송이들 피워낸다 찢어진 살 속으로 푸른 잉크 묻은 바람이 스며들자 톡톡 화장하듯 꼬리를 두드려 살 속으로 밀어 넣는다 의뭉스러운 배, 소화되지 않은 주먹이 스르륵 가슴 아래로 흘러들고, 갈라진 혓바닥이 어둠을 끌고 몸속으로 들어간 후 용이 되지 못한 뱀 한 마리 눈을 뜬다

 소년의 눈빛이 빛난다 어깨에서 출렁거리는 꼬리가 탕탕 담벼락을 두들겨 팬다 피범벅으로 쓰러지는 줄장미 골목 밖으로 도망간다 무시당하는 구름 비틀린 웃음이 골목을 막아서면 소년은 웃통을 벗고 뱀을 보여준다 마술에 걸린 듯 사라지는 두려움 팔에 힘줄이 돋고 온몸으로 퍼지는 독기는 함부로 달려든 바람도 쓰러뜨린다

 타투이스트 손끝에서 붉은 비 내리고 또 다른 종이호랑이 한 벌 완성 중이다

사각형의 섬

화장실 옆
작은 방에 버려진 사각의 땅에는
풀도 꽃도 자라지 않는다
내일이 와도 그치지 않는 잠만 무성하다

가끔씩 벽이 열리고
아이가 귓구멍을 벌려 한 끼의 음악을 주입할 뿐
사각의 땅에는

비가 오지 않는다
눈이 오지 않는다

손바닥만 한 창문 하나 쥐고
하루 스물다섯 시간
터치!

터치로
구름을 찢어발기고 꽃잎을 뜯어먹으며

돌멩이를 던지고 침을 뱉고 욕을 한다

사각의 땅에서
사각이 베푸는 공기와 햇빛과,
사각의 윤리와 질서로
사각의 시민이 된 아이는

그 땅에서
눈을 감고 뼈를 묻는다
섹스도 없이
은둔형 유전자를 가진
침대를 낳는다

삼중주

가는 목에서
네 개의 낭만적 소품*이 흘러나오지

턱과 어깨 사이에서 늙어가는 바이올린
구석에 서 있을 때도 팽팽한 신경줄 놓을 수 없어

삐딱하게 목을 꺾으며
곤두선 당신의 심장을 긁어댈수록
절정의 소리가 난다는 걸 알지

울림통 속으로 박수가 차오르면

난 비명이 될 거야
커튼콜이 될 거야

벌린 다리 사이에서 낮은 울음을 길어 올리는 당신
낭만적이지 않은 가계(家系)가 연주될 때

첼로를 타고 밤을 날아가지

악보를 넘겨주는 소녀가 없어도
서로를 가볍게 넘기며
피아노 건반처럼 일정하게 배열되지 않는 아이들

건반 위를 달리며
녹슨 뼈들을 두드려 음을 흩트려놓지

꼬리를 감추고 낭만 고양이가 될 거야

---

*드보르작.

박제 수업

 빨간 목도리를 두르고 오후를 함께 건너갈까요 가로수들이 뱉어낸 어둠에서 포르말린 냄새가 나요 죽은 고양이는 무료로 주신다고 했나요 담장 위를 살피던 불안한 눈빛은 꼼꼼히 지웠겠죠 울음소리도 털어내 버려요 썩은 생선 조각 물고 자동차 밑으로 스며들던 기억까지 잊지 말고 박피해줘요

 한 뭉치의 솜과 털실을 주세요 숲을 가로질러 온 햇살로 박음질을 하죠 실밥이 터지지 않도록 겨드랑이는 조심해서 꿰매야 해요 누군가의 등을 처먹을 때처럼 간지럽겠죠 탐스런 꼬리는 남겨뒀어요 비굴하지 않게 살랑살랑 흔들어야 할 때가 있을 거예요 나비넥타이와 안경은 준비됐겠죠 갈색 줄무늬 슈트를 입히고 표정은 이미지 메이킹에서 배운 웃음으로 할게요 이제 오래 살아남을 수 있겠죠

 간도 쓸개도 없는 고양이들이 박제실을 나오고 있어요

없다

해가 없다 술 취한 늙은이와 나무 벤치 사이에 손을 놓친 아이의 울음, 그 울음을 쪼아 먹은 비둘기가 없다 허공으로 길을 내었던 분수대의 길도 지워졌다 광장 끝, 마이크 속으로 들어가 자외선에 대해 설명하던 여자가 저물었다 신호등은 빨간불에서 고장 났다 따각 따각 누군가 어둠을 파헤치며 간다 가다 보면 해를 만나리라는 오해를 갖고 간다 나뭇잎이 제 속을 뒤적여 보는지 차르르 소리 난다 해돋이광장은 첫 페이지부터 지워져 있었다

둥글고 푸른 방

그 호두나무에는 수천 개의 방들이 있습니다
밤이 되면 긴 그림자를 끌고 달빛 속을 서성이는
방들이 있습니다
열에 들뜬 창문으로 드나드는
바람을 가진 방들이 있습니다
잘랑거리며 문고리가 흔들립니다
방 하나 열어 봅니다
푸른 뼈를 가지런히 눕히고 아이들이 자고 있습니다
꿈꾸는 아이들이 야호! 자전거를 타고 꽃잎 속을 달립니다
꽃밥을 지나고, 암술을 지나 씨방까지 달립니다

달빛이 쉴 새 없이 그 방을 들락거립니다
풀냄새 나는 말랑한 아이들의 살 위에 시간이 쌓입니다
가령 상처 같은 것입니다
툭툭 터지는 푸른 방 같은 것입니다

이윽고 어둠을 향해 딱 벌어진 알몸의 아이들은 결국
허공을 붙잡고 일어설 것입니다

어두운 몸 안을 구불구불 기어 상형문자 같은 길 따라
아이들은 굴러내릴 겁니다.
아아, 그때
나뭇가지마다 새순 돋은 잎들이
팔랑거리겠지요

국화

수십 개의 손톱들이 촘촘히 박힌
하얀 주먹, 혹은
하얀 이빨 드러내고 자지러지는 입들이
지하 유리문 앞에 도열해 섰다

불온한 주먹과 입들 사이에서
흘러나온 향기는
영정사진 속 얼굴을 꺼내어
육개장과 소주 사이에 놓는다

야근을 하다 건널목을 건너다 술을 먹다가
황급히 달려온 어리둥절한 길들이 모여
공손하게 자신들의 손톱들을
정지된 얼굴 앞에 얹어놓고 절을 한다

귀신들도 자리를 떠나는 새벽
부들부들 움켜쥔 흰 주먹 하나 스르르 풀리고
잠든 얼굴들 위로 손톱들 쏟아지고 쏟아진다

소문의 숙주

커피점은 안으로 조여들고 있었어 계단 아래 지하에는
테이블마다 붉은 나사못들이 속성으로 자랐지
어·쩜·그·럴·수·있·니 교정기에 끼워 넣어도
서로의 말투는 비틀리고 손가락을 꺾으며 파란 혀들이 돋아
났어

내 입속에서 진실 게임을 하는 너는 나였던 적이 있었던가
채널이 바뀔 때마다 어둠은 책장처럼 너의 혓바닥을 넘겼어
뒤통수가 의심스러울 때
발목 위로 더러워진 말들이 차올랐지

이제는 얼굴을 닫을 시간

낡은 셔츠를 벗듯 지하를 벗어던지고
수취인불명인 말들을 네온 속으로 놓아주었지
다른 시간을 향해 물고기처럼 헤엄쳐갔어
새로운 껍데기를 입고 거북이가 될 거야
딱딱한 손등을 쓰다듬으며 우리는 녹슬기 시작했어

구멍 하나를 먹었는데

등나무 아래 삼겹살 구워 먹는데

상추를 깔고 깻잎을 얹는데
      깻잎에 구멍이 났는데
           구멍 위로 돼지고기를 싸서 먹는데

구멍을 만든 벌레를 먹는데
      벌레가 기어 다닌 흙을 먹는데

흙 속에 묻힌 붉은 열매를 먹는데
      열매가 빠져 있던 허공을 먹는데

허공을 달리던 녹슨 기차를 먹는데
      기차가 지나간 담장을 먹는데

담장이 서 있던 길들을 먹는데
      길가에 나와 손 흔들던 엄마를 먹는데

엄마를 열고 나온 나를 먹는데
      내가 불판 위에서 지글지글 구워지고 있는데

저 장미!

나는 어쩔 수 없었어요
집에 돌아갈 차비도 없었거든요
백오십만 원에 흔쾌히 신체포기각서라는 종이에
사인을 한 것뿐인데요
그때는 정말 고마웠어요
보증도 필요 없고, 담보도 필요 없고 그냥
사인만 하면 됐으니까요
그게 섬으로 가는 티켓인 줄도 몰랐어요
티켓다방으로 배달된 나는
그의 팔뚝에 그려진
장미 문신 속에서 살았어요
밤마다 붉은 꽃을 피워 올렸죠
온몸에 가시가 돋는 줄도 몰랐어요
그때 나는 고슴도치 같은 몸으로
폭탄조에 가입하고 싶었죠
몸뚱어리에 둘둘 고압선을 감고
당신들이 달려가는 골목을 막고 서서
이렇게 협박하고 싶었어요

>

―신체포기각서를 쓰지 않으면 지뢰 단추를 누르겠어
 골목을 확 날려버리겠어―

붉은 대가리를 꼿꼿이 쳐든 저 장미!

가벼운 사과

비둘기야 미안해
새빨간 내 거짓말은 너무 섹시했어
머리 위에 살짝 얹힌 키파* 때문만은 아니야
부리를 잘라 불 속에 던져야 완벽해지는 거짓말

양들아 용서해주겠니
생리가 시작되면
보름달이 없어도 너를 훔치기에 적당한 몸이 돼
사지를 찢고 정성스럽게 각을 떠 향기로운 냄새를 내게 빌려준

살찐 암소들아 고마워
패역한 햇빛들은 언제라도 무죄
날선 아버지의 혓바닥을 잘라버린 패륜의 드라마
너희들은 또, 내장과 콩팥을 꺼내

수요일의 나,
금요일의 나,
월요일의 나,

…………나…………

나를 덮어쓰고
불타는 장작더미 위에서 대신 죄를 뉘우치고

짐승의 거죽을 쓴 나는 상쾌하고 명랑한 아침이야
손톱을 다듬으며 콧노래를 불러

고양이 걸음으로 밤이 오면 가려워지는 손톱
희고 부드러운 사타구니 살살 긁어대기 시작해
선악과를 따 먹던 버릇은 손목을 잘라도 고쳐지지 않아

오늘밤에는 염소를 준비해둘까?

---

*유대인들이 쓰고 다니는 모자.

의자

바싹 어둠을 당기고 옆으로 앉아봐 네 그림자 속으로
내 한쪽 어깨가 허물어지고 나면 우린 더 모호해질 거야

비밀번호 속으로 닫힌 문 안에서
우리는 서로의 속을 후벼 파는 거야 거죽만 남을 때까지
네 발 달린 짐승이 되는 거야

타조의 날개처럼
비루한 다리는 도망치지도 못하고
삐딱한 자세로
너덜너덜할 때까지 해지고 찢어지는 거야

붙잡는 거야

발로 걷어차이고 내동댕이쳐질지도 몰라
폐기처분 딱지 등짝에 붙인 채 길가로 내몰려도
똥구멍을 향한 집착
언젠가는 너를

털썩!
주저앉히고 말겠다는 과잉된 신념 스토커의 근성

다리 부러지고 터진 창자 끌려 나와도
끝까지 버티는 거야

불통이란 말입니다

상수리나무 위 까치 두 마리
깍깍깍깍
까가각 깍깍
허공에 부리를 찔러넣은 채

소리 지른다, 두 눈 부릅뜬다, 침을 튀긴다, 독기를 품는다
끝장을 보자는 듯
한마디도 지지 않는다

마구 쏟아낸 소리들이
뒤엉키고, 찢어져
나뭇가지 사이를 빠져나가지 못한다

301호 아줌마 베란다 창문을 열고
물끄러미 쳐다본다
도통 알아들을 수 없이 지껄이는 까치를 보다
드르륵 쾅 문을 닫는다

TV에서는 정당 대표로 나온 두 의원들이
설전(舌戰)을 벌이는 일요일 아침

애꿎은 늦잠 깨우며
서로의 주둥이들 삼키고 뭉개는 중이다

피닉스

아무도 강요하지는 않았다
정규직 노동자처럼 그녀가 출근하는 저녁

곰팡이가 피어나는 우울한 귀와
텔레비전 속에서 힘겹게 빼낸 눈알들을 도마 위에 얹는다

탁탁탁 저미고 튀겨지고 볶아지는 통속의 시간

접시에 매달린 입들이
빗겨가는 화법으로 서로의 살점을 찢어 먹는 사이,

후두관 속으로
냄새나는 흰 머리채 통째로 끌려 나간다

쪽창으로 처들어오는 붉은빛이 주방을 접었다 펴는 동안
하루 세 번 꼬박꼬박
그녀를 징수해가는 채워지지 않는 목구멍들

쨍그랑 깨진 주방이 피를 흘린다
뾰족하게 웃는다

우리는 깨진 그녀를 들고 주방을 나가고, 나가고
또다시 떠나가는데

천년만년
밥때가 되면 지글지글 불 속에서 재생되는 불멸의 엄마들

낙지

한낮에도 뻘 속 같은 지하방
창문 사이로 간신히 들어오던 햇빛도 꺾여
게 구멍만 한 빛을 방바닥에 떨어뜨린다
그 따스함 속으로 몸을 구겨 넣는데
빛은 내 몸을 밀어내기만 하는데

―목포 뻘 낙지가 왔어요
 펄펄 살아 있는 세발낙지요―

조용한 골목 안으로 낙지 장수 아저씨
세발낙지 풀어놓는다
귀가 근질근질하다 빨판의 힘만으로
벽을 당기고, 밀며 경계를 넘어오는 낙지들
몸속 구석구석 꼬물대며 기어 다닌다
캄캄한 마음의 뿌리 헤집으며
줏대 없는 내 뼈들을 먹어치운다
살아남기 위해
천지사방으로 휘어질 수 있는 다리를 얻기 위해

그들은 뼈를 버리고 먹물을 얻었다
척척 들러붙어 느리게 움직이는 빨판 속으로
게 구멍 같던 햇빛마저 빨려들어 가고
바닥으로 가라앉은 나를 지우며
창을 넘어간다
밖은 그들이 게워놓은 먹물로 벌써 어두웠다

가학적 구름

방금 전 올려놓은 토끼의 귀를 자르고 털을 뽑아 흩어버리는
하얗고 부드러운 선반

위에 내 발을 올려놓을까?

한동안 간지러워 웃음이 나겠지 뜯겨지는 발바닥 속에서
피 묻은 길들 쏟아지겠지

지상에 뿌려지는 저녁노을 같은, 길 위에
까마귀 떼 몰려들겠지

눈치채지 못하게 천천히 눈알을 발라내고 코를 뭉개는
하얗고 부드러운 선반

아래

역류하는 변기 앞에서 울컥거리는 목젖 붙들고
얼굴들 찢어지는 중이겠지

\>

뼈들이 덜컹대는 소리와
입이 찢어지도록 낄낄거리는 소리들*

하얗고 부드러운 선반 아래에서
느리게, 느리게만 흘러가는 중이겠지

---

*엘리어트 「황무지」 인용.

함박, 함박눈

멀리 있는 것부터 갉아 먹자!
천지슈퍼마켓의 청색 천막을 반쯤 지우고
은행나무를 지우자
내 옆으로 지나가는 그녀의 정수리를
먹어치우자!
비스듬히 부는 바람 속에서
겨우내 굶주린 것들의 아우성 속에서
그녀의 코트와 심장을 파먹고
내장과 간을 삼키자
허공 가득 트림을 뿌리며
발자국마다 고여 와글대자
사람들 뿌드득, 비명 지르겠지
앞이 보이지 않겠지
곰실대는 벌레들의 소용돌이 속으로
세상 빨려들어 가겠지
하얀 기둥이 되겠지

해설

낯설어지려는 경향
― 채수옥의 시세계

고봉준

1.

   세계. 생명체에게 '세계'는 객관적인 것이 아니라 주관적으로, 경험적으로 구성되는 고유한 시공간이다. 다양한 동물들에게는 그들만의 '세계'가 있고, 인간에게도 인간만의 '세계'가 있다. 이 '세계'가 모든 개체에게서 다른 것인지는 확신할 수 없지만 그것이 객관적인 것이 아니라는 사실은 분명하다. 엄밀하게 말하면 우리들은 서로 다른 '세계'에서 살고 있는지도 모른다. 생물학자들이 환경세계(Umwelt)라고 말하는 것이 바로 이 '세계'이다. 우리들은 각자의 세계를 구성하면서 동시에 그 안에서 살아간다. 인간이라는 공통성 때문에 이 세계들 사이에는 교집합이 있겠지만, 우리는 이 세계 안에서 익숙하고 안락한 느낌을 갖고 살아간다. 물론 질병이나 심리적인 이유 때문에, 또는 잦은 이사나 환경의 변화 때문에 '세계'가 불안정하게 경험되는 경우도 있고, 극단적인 경험으로 '세계'를 상실할 수도 있다. 하지만 '세계'에 '거주'할 때 우리는 일종의 균형감 같은 것을 느낀다.

철학자 하이데거는 거주(Dwelling)한다는 것을 세상과의 조화로 규정했다. "거주한다는 것은 개인과 세상의 평화로운 조화다. 인간은 거주함으로써 존재하며, 거주는 건축함으로 장소에 새겨진다." 거주한다는 것은 단순히 특정한 공간 '안'에 머무르는 상태가 아니라 조화를 느끼는 상태, 즉 편안함을 느끼는 상태이다. 그런데 우리의 경험이 증명하듯이, 이런 편안함 속에 있을 때, 인간은 좀처럼 생각하지 않는다. 심지어 이 세계에 빠져서 새로운 자극이나 느낌들마저 익숙한 것으로 해석함으로써 '낯섦'을 '익숙함'으로 받아들이기도 한다. 우리는 이 순간을 무감각한 상태라고 말한다. 생각한다는 것은, 어떤 철학자가 불법침입 또는 난입(亂入)이라고 표현했듯이, 이 '세계' 상태의 조화를 깨뜨리는 것이 등장하면서 시작된다. 생각은 불편함과 함께 온다. 예컨대 어떤 건물을 출입하는 상황을 떠올려보자. 건물의 출입구에는 반드시 문을 밀거나 당기라는 안내 명령문이 붙어 있을 것이다. (물론 명령문이 없어도 상관없다) 그런데 만일 이 건물이 거주하고 있는 아파트나 직장처럼 일상적으로 드나드는 건물, 즉 '세계'의 일부라면, 우리는 평소의 습관대로 행동할 것이다. 즉 생각 없이 문을 밀거나 당길 것이며, 무거운 짐을 들고 있을 때에는 어깨나 신체의 다른 부분을 사용하여 문을 밀거나 당길 것이다. 반면 처음 들어가는 낯선 건물에서 그렇게 행동하는 사람은 없다. 그곳은 '습관'이 통하지 않는, 즉 '세계'의 일부가 아니기 때문이다. 이 경우 우리는 어디가 출입구이고, 어디가 화장실이며, 문은 어떻게 열고 닫아야 하는가를 신중하게 생각하고 판단한다.

운전의 경우는 또 어떤가. 초보운전자일 때 우리는 열심히 '생각'하면서 운전한다. 그때 문제는 '생각'이 지나치게 많다는 것이고, 그 때문에 운전을 하고 나면 온몸이 쑤시기도 한다. 하지만 긴장이 필요 없을 정도로 운전에 익숙해지면 우리는 '생각'이 아니라 '습관'으로 운전한다. '생각'이 필요 없기 때문에 때로는 운전하다가 무료함을 견디지 못하고 졸기도 하고, 심지어 운전을 하면서 전화를 받거나 음식물을 먹기도 한다. 운전자들에게 음악은 이 무료함을 달래주는 유일한 해결책이 아닌가. 이 경우 운전은 '생각'과는 무관하다. 이처럼 생각 없이 운전하다 사고가 날 뻔했던 순간이 있을 것이다. 그다음 순간에 놀라운 일이 발생한다. 비록 짧은 순간이나마 우리는 '생각'하면서 운전을 하게 된다. 물론 이 행동은 곧이어 '습관'의 세계로 돌아가지만 말이다. 이처럼 익숙함이 깨지는 순간은 생각이 시작되는 순간이다. 그것은 또한 낯선 감각으로서의 시(詩)가 시작되는 지점이기도 하다. 생각과 감각의 낯선 대상은 이처럼 불현듯 나타나 우리의 정신과 신체를 붙잡는다. 그 순간 우리는 대상에 붙잡힌 포로 상태의 존재가 되는데, 이 경험을 글로 쓰는 것이 시(詩)이다. 정확히 말하면 시인은 '세계'의 조화로움을 뚫고 침입한 어떤 대상에 사로잡힌 맹목(盲目)의 포로이고, 시는 그 경험을 언어로 번역한 것이다. 시인들이 종종 어떤 대상을 숭배하는 듯한 태도를 보이는 이유는 그들이 대상에 붙잡혀 있기 때문이다. 뒤집어서 말하면 '세계'가 견고하거나, 난입한 대상을 익숙함으로써 감싸버리는 둔감한 신체의 소유자는 시(詩)를 쓰지 못한다.

2.

발견과 번역. '생각'은 '낯선 것'을 '낯선 것' 그 자체로 경험할 때 시작된다. 이것이 '생각'과 '습관'의 차이점이다. '습관'은 '생각'은 정반대이다. '습관'은 '생각'이 필요 없는 상태이고, '생각'은 '습관'을 벗어날 때 시작된다. 그리하여 우리는 '습관'이 불편함을 야기하지 않을 때, 그것이 문제라고 느끼지 않을 때, 그 세계에 계속 머물러 있으려 한다. '습관'은 얼마나 편리한가. 하지만 '생각'은 '낯선 것'을 '낯선 것' 그 자체로 경험하는 순간만이 아니라, '익숙한 것'을 '낯선 것'으로 경험하는 순간에도 시작된다. 가령 동물들이 일상적인 환경세계에 생긴 약간의 변화에도 매우 예민하게 반응하는 것을 보라. 인간 또한 익숙했던 세계에 변화가 생기면 짧은 시간이나마 긴장한다. 물론 인간은 이

긴장감을 의도적으로 연출함으로써 '기분전환'을 하는 동물이기도 하다. 이처럼 생각이 시작되는 순간을 두 가지 상황으로 설명할 때, 시적 '발견'과 '번역'은 주로 후자의 경우, '익숙한 것'을 '낯선 것'으로 경험하는 순간에 집중적으로 발생한다. 이때 '익숙한 것'의 가장 흔한 사례는 우리가 일상이라고 부르는 세계이다. 시인에게 일상은 매우 유혹적이면서 동시에 위험한 세계이다. 많은 시인들이 이 위험을 감지하지 못하고 '일상'에 접근함으로써 '시'에 실패한다. 왜냐하면 문학에서의 일상은 그것 자체로 긍정되기 위해 접근해야 할 세계가 아니라 '발견'과 '번역'을 통해 부정되고 재구성되어야 할 세계이기 때문이다. 요컨대 문학에서 일상은 '습관'의 안락한 세계가 아니라 '생각'의 불편한 세계이어야 한다. 이 사실을 간과할 때 일상은 시의 보고(寶庫)가 아니라 무덤일 수 있다. 세상에는 우리가 사고하기를 강요하는 대상이나 사건이 넘쳐난다. 하지만 이것은 우리가 그것들을 '생각'의 대상으로 경험할 때에만 유효한 진술이다.

우리 그러지 말고 차 한잔할까?

기형으로 붙어버린 생각들을 매만진다
한 이불 속에서 일상의 뇌를 나눠 쓰고
우리는 다르게 성장하고

서로의 혈관 속으로

델피니움 꽃잎을 한껏 주사하는 것으로

하루를 견딘다

절반의 타협 후, 둥글어지는 보름달은

반쪽을 삼키고 부풀어 오른

남은 자의 거룩한 배

마주보고 앉아 야윈 식탁을 뜯어먹는 우리는

솜뭉치 같은 서로를

울컥울컥 토해놓는다

머그잔 속으로 떨어지는 내 눈알과

뭉개고 싶은 네 혓바닥을 천천히 저으며

굶주린 배를 긁어대는 저녁

나는 외워지지 않는 나를 복습하고

너는 이해되지 않는 너를 받아 적고 지우는

이상한 커피 타임

―「키메라증후군」 전문

시는 "통속의 시간"(「피닉스」)을 찢으며 온다. 하지만 '세계'를 구성하는 통속의 시간이 훼손될 때, 우리는 일상적 시간의 바깥에 놓이게 된다. 시인은 이 바깥의 경험을 '증후군'이라 칭한다. 그것은 중지 또는 탈구의 경험이다. 이 시에서 '키메라증후군'은 쌍둥이들이 경험한다는 질병의 이름이 아니다. 시인은 일상의 '세계'에서 안정 상태에 있던 주체성, 자아의 동일성이 혼란을 겪는 다중인격의 순간을 질병에 비유하고 있다. 그런 점에서 이 시는 '생각'의 낯선 시간이 어떻게 도래하는가를 보여주는 명확한 사례라고 말할 수 있다. 화자는 '나'를 분열하여 '우리'라고 칭한다. '우리'는 "나는 외워지지 않는 나를 복습하고/너는 이해되지 않는 너를 받아 적고 지우는"이라고 말할 때의 '나'와 '너'를 합쳐서 부르는, 그렇지만 '나'와 '너'는 같으면서도 다르고, 다르면서도 같은 대상을 지시하는 이상한 대명사이다. '우리'는 복수형이지만 거기에는 동일성보다는 이질성이 더 강하게 작용하고 있다. 이 이질성이 야기하는 혼란에서 벗어나기 위해 두 명의 '나' 가운데 한 사람이 "우리 그러지 말고 차 한잔할까?"라고 상냥하게 말을 건넨다. 이러한 시적 상황은 정확히 '익숙한 것'을 '낯선 것'으로 경험함으로써 '생각'이 시작되는 순간인데, 다만 여기서는 주체 바깥의 대상이 문제가 아니라 '주체' 자체가 문제의 대상이 되고 있다. 그러니까 시인은 불현듯 '나'가 분열되어 있다는 느낌, '나' 안에 또 다른 '나'가 존재한다는 느낌, 그 '나들'이 갈등관계에 있다는 느낌 속에서 발화하고 있는 것이다. 이 이질성이 "기형으로 붙어버린 생각들"이라면, "한 이불 속에서 일상의 뇌를 나눠 쓰고"로 시작되는 진술은 그러한 이질성을 봉합하려는 의지에서 기원하는 발화이다. "서로의 혈관", "반쪽", "남은 자", "마주보고 앉아 야윈 식탁을 뜯어먹는 우리" 등은 결국 이러한 분열의 경험이 식탁에 앉아서 커피를 마시면서 진행되고 있음을 말하고 있다.

> 바싹 어둠을 당기고 옆으로 앉아봐 네 그림자 속으로
> 내 한쪽 어깨가 허물어지고 나면 우린 더 모호해질 거야
>
> 비밀번호 속으로 닫힌 문 안에서
> 우리는 서로의 속을 후벼 파는 거야 거죽만 남을 때까지
> 네 발 달린 짐승이 되는 거야
>
> 타조의 날개처럼
> 비루한 다리는 도망치지도 못하고
> 삐딱한 자세로
> 너덜너덜할 때까지 해지고 찢어지는 거야
>
> 붙잡는 거야
>
> 발로 걷어차이고 내동댕이쳐질지도 몰라
> 폐기처분 딱지 등짝에 붙은 채 길가로 내몰려도

똥구멍을 향한 집착

언젠가는 너를

털썩!

주저앉히고 말겠다는 과잉된 신념 스토커의 근성

다리 부러지고 터진 창자 끌려 나와도

끝까지 버티는 거야

— 「의자」 전문

'세계'의 익숙함은 '시선'의 주체를 바꾸는 것만으로도 깨진다. 동물학자들에 따르면 동물들의 환경세계와 인간의 환경세계는 매우 다르다. 동물들은, 인간 이외의 생명체는 인간과 다른 방식으로 '세계'를 경험하고 구성한다. 그러므로 시인이, 시의 화자가 인간이 아닌 존재의 시선으로 세계를 바라보면 그 시선에 포착된 인간의 세계는 낯선 곳일 수밖에 없다. 시 「의자」가 노리는 효과 역시 이것이다. 이러한 시적 전략은 「함박, 함박눈」에서도 반복된다. 추측컨대 시인은 우연히 '의자'를 보면서 어떤 생각 내지 느낌을 받았을 것이다. 하지만 시인은 '의자'를 인간의 시선에 포착된 도구—대상으로 간주하지 않고 '의자'의 시선으로 세상을 본다. 이른바 의자—되기이다. 그래서 제목에 유념하지 않고 읽기 시작한 독자들, '의자'라는 제목이 시적 대상일 것이라고 생각하고 읽은 독자들은 뒤로 갈수록 당혹감을 느끼게 된다. 우리는 평소의 습관처럼 1연에의 행위 주체가 '인간'일 것이라고 생각하고 읽기 시작한다. 실제로 1연의 내용은 그렇게 읽어도 어느 정도는 뜻이 통한다. 하지만 연이 거듭될수록 우리는 독서 습관이 불편하다는 것을, 평소의 독법으로 읽어선 좀처럼 이해할 수 없는 진술들에 맞닥뜨리게 된다. 그리고 어느 순간에서야 제목이 의미하는 바를, 그것이 시적 대상이 아니라 발화 주체였음을, 그리하여 이 시가 인간이 아니라 의자의 목소리로 발화되고 있음을 발견하게 된다. 이 또한 우리에게 사고하기를 강요하는 대상이 세상에 넘쳐난다는 사실을 알려주는 사례의 하나이다.

3.

유사성 또는 시적 인상주의. 채수옥의 이번 시집은 응집성보다는 이질적인 경향들의 공존이 두드러진다. 이는 등단 이후 이 시집을 출간하기까지 적지 않은 시적 경향과 관심의 변화를 거쳤다는 의미이다. 그러니까 이 시집은 하나의 동질적인 '세계'를 구성하려는 의지보다는 다양한 방식으로 자동화된 지각을 깨뜨리려는 시도, 그것을 통해 시적 사유를 시작하려는 의지가 돋보이는 시집이라고 평가할 수 있다. 채수옥은 '창조'가 단순한 모사나 전달이 아니라 '저항'하는 것, 습관화된 삶의 질병 상태를 돌파함으로써 삶을 해방시키는 실험의 일종임을 알고 있다.

어떤 시인들은 이 해방을 위해 기존의 의미론적 연쇄를 해체하는 위반의 시학을 실험하기도 한다. 하지만 채수옥의 시는 기존의 연쇄를 끊는 데 집중하기보다는 그것을 재구성하는 데 에너지를 쏟고 있다. 이 재구성의 방식으로 그녀가 자주 사용하는 것은 유사성의 발견, 즉 체계로서의 은유이다. 예컨대 「골목」에서 시인은 '골목'이라는 일상적 공간을 "징그러운 뱀"으로 형상화하며, 「북」에서는 "필름처럼 얇은 엄마의 등짝"을 '북'에 비유한다. 이처럼 '골목=뱀'이라는 체계가 만들어짐으로써 골목의 검은 입구는 "뱀의 아가리"가 되고, '엄마의 등짝=북'이라는 체계가 만들어짐으로써 엄마를 향하는 아버지의 손과 침은 '뼈'를 울리는 '소리'가 된다. 이처럼 채수옥의 많은 시편들은 유사성의 체계를 뼈대로 삼음으로써 일정한 연상의 계열을 만들고, 그 계열을 따라 시를 진행시킴으로써 한 편의 시를 은유적인 세계로 해석하는 발견의 기법을 보여준다. 시 「실업」은 이러한 은유체계를 가장 간결하고도 선명하게 표현된 경우이다.

    비가 내리는 골목에
    망가진 기타 하나
    담벼락에 기대고 서 있다

    텅 빈 울림통 속으로
    빗물이 차오른다

끊어지고, 튕겨져 나온 줄 끝에

빗방울들

식솔처럼 매달렸다

—「실업」 전문

  시인은 반복적으로 은유의 시선으로 세계를 본다. 하지만 '본다'라는 술어는 적절하지 않을 수도 있다. 왜냐하면 "딴다/경쾌하게 열리는 짓무른 시간"(「닫힌 어둠을」)이라는 표현이 말하듯이 이러한 은유체계는 시인의 의지와는 상관없이 그렇게 '보이는 것'이기도 하기 때문이다. 시인이 은유의 시선으로 세계를 응시하려고 노력하는 순간도 없지 않겠지만, 많은 경우 은유체계는 "원형의 통조림"을 따는 순간 도래하는 시간처럼, 비(非)의지적인 사건으로 도래한다. 정확히 말하면 그 순간 은유체계는 보는 것(능동)이 아니라 보이는 것(수동)이라고 말해야 한다. 시인은 비 내리는 골목길을 지나가 우연히 버려진 기타 하나를 보았던 듯하다. 찬찬히 살펴보니 끊어지고 튕겨져 나온 줄 끝에 빗방울들이 잔뜩 매달려 있다. 시인은 그 기타에서 직장을 잃은 실업자 가장의 모습과, 힘없는 가장에게 매달려 있는 식솔들의 모습을 본다. 사회적 상상력을 전면화하고 있지는 않지만 이 아름답고도 슬픈 장면에서 우리는 삶을 대면하는 시인의 자세를 추측할 수 있다. 앞에서 우리는 시가 "통속의 시간"(「피닉스」)을 찢으며 도래한다고 말했는데, 채수옥의 시에서 이 시간은 철

저하게 '일상'의 시간에 한정된다. 이 '일상'의 시간을 시적 원천으로 삼아서일까? 채수옥의 시에는 '가족' 이야기가 자주 등장한다.

> 검은 옷 입은 사람들 가방 하나 내려놓는다
> 함부로 뒤지고 열리지 않도록
> 흙을 덮고 뗏장을 얹고 발로 꼭꼭 밟는다
> 쩍쩍 갈라진 발바닥과 그 발바닥이 다녀간 길들
> 떨구던 고개와 함께 떨어지던 눈물
> 뿌리치던 손과 이유 없이 꿇었던 무릎들이
> 가방의 내용물이다
>
> 밤마다 가방은 온 힘으로 소멸하여 간다
>
> 초록이 뿌리 내리고
> 바람과 새소리와 벌레들이 드나드는
> 저 가방 속으로 들어간 아버지는
> 질긴 소가죽과 악어가죽으로부터 자유로웠을까
> 평생을 끌고 다닌 허름한 가방을 내려놓으니
> 어깨가 뻐근했을까
> ―「가방」 부분

'가족' 이야기는 첫 시집의 화인(火印) 같은 것이다. 많은 시인들의 첫 시집에서 '가족'은 세계의 중핵으로 기능한다. 이는 시인들의 기억할 만한 과거에서 '가족'이 차지하는 비중이 무엇보다 크고 강렬하기 때문일 것이다. 그렇다면 채수옥의 시에서 '가족'은 어떻게 형상화되고 있을까? 시집의 초반에 등장하는 「레밍의 유전자」에서 '레밍=쥐'에 비유된 가족들은 "도미노처럼 절벽 아래로 뛰어내리는 레밍들"이라는 표현처럼 죽음의 절벽 아래로 투신하는 인물들로 표현된다. 여기에서 시인은 '대문' 바깥을 절벽으로 인식하고, 그곳으로 향하는 길을 "핏속에 그려진 길들"이라고 부르는데, 이들의 집단적인 추락의 기원에는 "아버지 새벽부터 뻘 속으로 불려가 자자손손 아슬아슬한 대문은 바다로 열려 있어"처럼 아버지가 위치하고 있다. 이런 아버지가 「북」에서는 "취기 오른 입"으로 등장하여 "필름처럼 얇은 엄마의 등짝"을 '북'처럼 울리게 만들고, 「구름은 얼마?」에서는 세탁소의 "주렁주렁 매달린 거죽들 밑"에서 담배만 피우는 무능한 인물로 그려진다. 그리고 위의 시에서 그 문제적 인물인 아버지는 죽어서 '가방'으로 등장한다. 이 시에서 '가방'은 아버지의 환유물이다. 지금 화자의 눈앞에는 아버지의 시신이 담겨 있는 관(棺)이 놓여 있는 듯하다. 검은 상복을 입은 사람들이 '가방'을 내려놓고 "함부로 뒤지고 열리지 않도록/흙을 덮고 떳장을 얹고 발로 꼭꼭 밟"는 것으로 보아 지금은 아버지의 시신을 묻는 매장(埋葬) 과정이다. 그러므로 무덤 속의 '가방'은 관(棺)의 다른 표현일 수밖에 없다. 화자는 왜 아버지의 관(棺)을 '가방'에 비유했을까? 그것은 아버지가 평생을 "허름한 가방"을 끌고 다녔기 때문일 것이다. 평생 "허름한 가방"을 끌고 다니다가 마침내 "저 가방 속으로 들어간 아버지"를 지켜보면서 화자는 불현듯 아버지가 '가방'이라는 생각에 이끌리게 된 것이다. 이처럼 '아버지=가방'이라는 비유가 자리 잡음으로써 혼령으로 세상을 떠도는 아버지가 "우편배달부처럼 가방을 메고/이승과 저승을 흘러다"니는 모습이 정당화된다.

'아버지'를 중심으로 한 가족의 곁에 '가족'에 대한 우리 시대의 음화(陰畵)가 나란하게 놓여 있다. 가령 「반영하지 않는다」에 등장하는 '가족'이 그런 경우이다. 이 시에는 "벽에 걸린 가족사진 한 장"으로 표상되는 이상적인 가족 모델과, 그것과는 전혀 별개로 현존하는 가족들의 일상이 등장하는데, 시인이 '가족' 표상의 이질성을 병치시킴으로써 '가족'의 의미를 되묻고 있다. '현실'의 가족과 '이상'의 가족 사이에는 이렇게 넓고 깊은 크레바스(crevasse)가 있다. 하지만 채수옥의 시세계에서 이러한 문제의식은 '가족' 그 자체를 문제 삼기보다는 표상이나 기호를 실제와 동일한 것으로 간주하려는 현대사회의 특징을 겨냥하고 있는 듯하다. 예를 들면 시인은 「구름은 얼마?」에서 "수자원 가치 59억 2,000만 원짜리 봄비는/아버지 세탁소 다리미 속에서 뜨겁다", "대기오염물질 농도를 낮춘 1,754억어치 봄비/아버지 당신의 밑단은 수선해도 자꾸만 터졌다"처럼 화폐로 측정된

가치와 '화폐'로 환원되지 않는 아버지의 고단한 삶을 반복해서 양립시키는데, 여기에는 모든 것을 경제적 가치로 환산하는, 환산할 수 있다고 믿는, 경제적 가치로 환산되지 않는 것은 무가치하다는 믿음에 대한 불만이 잠재되어 있다. 또한 시인은 「기호 속으로」에서는 "모바일로 들어오신 1504번님", "안양에서 팩스로 보내주신 1805번님"처럼 숫자와 인격을 동일시하는 익명적인 라디오 방송 시스템의 문제점을 지적하고 있다. 이것은 시인이, 우리의 삶이, 실제적인 물질성과 감정적인 차원을 잃어버리고 점차 화폐, 기호, 숫자 등으로 추상화되는 소위 현대화의 과정에 민감하게 반응하고 있다는 의미이다.

4.

낯설어지려는 경향. 시의 미덕 가운데 하나는 상투적이고 상식적인 감각을 갱신함으로써 세계를 '생각'의 대상으로 삼는다는 점이다. 이때 '생각'이란 사변적인 어떤 성질이 아니라 앞에서 설명했듯이 '습관'의 반대말이다. 어떤 시인들은 이 작업을 매우 지적인 방식으로 행하고, 또 어떤 시인들은 감각에 의지해 수행하기도 한다. 그런 점에서 '생각'은 '감각'에 대립하지 않는다. 문제는 이러한 갱신에의 의지가 대부분 기존의 연결 관계를 해체하는 과정을 피할 수 없다는 것, 나아가 새로운 연결 관계를 재구성하는 과정으로 귀결되기 마련이라는 점이다. 그렇기 때문에 이미 우리가 살핀 은유체계나 유사성의 발견에 근거한 은유의 시학은 자칫 또 다른 상투성을 노출할 위험을 지닌다. 이질적인 사물들 사이에서 한사코 유사성만을 찾으려 할 때, 이미지와 이미지의 시각적인 연관성을 지속적으로 반복할 때, 한 시인이 소유하고 있는 시적 잠재성은 '갱신'이 아니라 '체계'에의 의지로 흘러가기 마련이다. 체계는 종종 낯설어지려는 경향을 다시 포획하는 안정화의 장치로 작동하기 쉽다. 어쩌면 이 시집에 포함된 많은 시편들 가운데 해설에 포함시키지는 못했지만 유사성의 발견과는 일정한 거리를 유지하고 있는 「비대칭의 오후」나 「낙지」 같은 감각적 발상이 더 선명한 느낌으로 남는 이유도 여기에 있을 것이다. 시의 존재이유는 낯설어지려는, 한없이 낯설어지려는 경향에 있다.

이 도서의 국립중앙도서관 출판시도서목록(CIP)은 서지정보유통지원시스템 홈페이지(http://seoji.nl.go.kr)와 국가자료공동목록시스템(http://www.nl.go.kr/kolisnet)에서 이용하실 수 있습니다. (CIP제어번호: CIP2014035183)

시인동네 시인선 022

비대칭의 오후

ⓒ 채수옥

초판 1쇄 인쇄	2014년 12월 10일
초판 1쇄 발행	2014년 12월 17일
지은이	채수옥
펴낸이	김석봉
책임편집	이현호
디자인	조동욱
펴낸곳	문학의전당
출판등록	제311-2012-000043호
주소	서울시 은평구 연서로11길 7-5 401호
편집실	서울시 마포구 마포대로 127, 413호(공덕동, 풍림VIP빌딩)
전화	02-852-1977
팩스	02-852-1978
블로그	http://blog.naver.com/mhjd2003
전자우편	sbpoem@naver.com
ISBN	979-11-86091-05-0 03810

* 이 책의 판권은 지은이와 문학의전당에 있습니다.
* 양측의 서면 동의 없는 무단 전재 및 복제를 금합니다.
* 잘못 만들어진 책은 바꿔드립니다.
* 이 시집은 2014년 부산문화재단 지역예술창작지원사업의 일부 지원으로 제작되었습니다.